Martin Kaule

Wes

CW01619050

ORTE DER GESCHICHTE
CH. LINKS VERLAG

Alle aktuellen Fotos, sofern nicht gesondert ausgewiesen, stammen vom Autor. Bundesarchiv: S. 5 (146-1981-060-04/Erich Bauer), 7 (183-S04233), 9 (146-1990-100-02A / Schwarz), 11 (183-S43437-019 / Gutjahr), 13 (183-2004-1202-501), 14 (146-1972-035-08), 15 (RH 82 Bild-00001), 18 (RH 82 Bild 00022 / Mehls), 20 (183-S43436-021 / Gutjahr), 23 (Plak 003-028-075), 24 (146-1990-100-13A / Schwarz), 27 (146-1979-020-18), 35 (101I-497-3519-30 / Röder), 45 o. (183-J28303 / Jäger) – Gedenkstätte SS-Sonderlager / KZ Hinzert: S. 31, 33 r. – J. F. K. Library, Boston: S. 47 – National Archives, Washington D. C.: S. 37, 45 u. – Ullstein-Bilderdienst: S. 21 – Wikimedia Commons: S. 32 (Cayambe); André Balk: S. 42/43 – Horst Gerlach: S. 46 – Peter Drespa: S. 51 – Manfred Möhrmann: S. 60 – SMS Photography Silvia Schäfer: S. 61 – Thomas Schell: S. 55 – Christopher Volle: vordere Umschlaginnenseite – Thomas Werner: S. 16 – Lothar Ziegler: S. 40

Die Deutsche Nationalbibliothek verzeichnet
diese Publikation in der Deutschen Nationalbibliografie;
detaillierte bibliografische Daten sind im Internet über
www.dnb.de abrufbar.

1. Auflage, Mai 2014
© Christoph Links Verlag GmbH
Schönhauser Allee 36, 10435 Berlin
Tel.: 030 44 02 32-0
www.christoph-links-verlag.de
mail@christoph-links-verlag.de

Umschlag vorn: Höckerlinie bei Göcklingen, Rheinland-Pfalz, 2007 (imago/epd); hinten: »Bunker 20«, Dillingen, 2012 (Martin Kaule)
Satz: Agentur Marina Siegemund, Berlin
Lektorat: Dr. Stephan Lahrem, Berlin
Druck und Bindung: Freiburger Graphische Betriebe, Freiburg

ISBN 978-3-86153-769-4

Inhaltsverzeichnis

Einleitung

Noch heute sind zahlreiche bauliche Hinterlassenschaften aus der Zeit der NS-Diktatur in Deutschland vorhanden, an denen die Großmachtansprüche der Nationalsozialisten abzulesen sind. Dazu gehört auch eine gigantische Festungslinie, die sich einst entlang der westlichen Reichsgrenze erstreckte.

Nachdem die Nationalsozialisten die Macht in Deutschland übernommen und gefestigt hatten, versuchten sie, die mit dem Versailler Vertrag von 1919 auferlegten Rüstungsbeschränkungen zu unterlaufen, und begannen zugleich, einen neuen Krieg vorzubereiten. In diesem Zusammenhang wurde zwischen 1936 und 1940 auf einer Länge von 630 Kilometern der sogenannte Westwall errichtet. Offiziell als Verteidigungsmaßnahme gegen den »Erbfeind« Frankreich propagiert, sollte er den Deutschen bei einem Angriffskrieg im Osten den Rücken freihalten.

Diese Festungslinie bestand aus etwa 20 000 Bunkerbauwerken (die Angaben in der Literatur schwanken zwischen 12 000 und 22 000). Nach aktuellen Schätzungen verschlang eines der größten zweckgebundenen Bauprogramme der Nationalsozialisten mehr als drei Milliarden RM und enorme materielle Ressourcen. Die Arbeiten am Westwall gingen mit der Zwangsenteignung von Grundstücken, der Veränderung der Kulturlandschaft, der Evakuierung ganzer Regionen und dem zehntausendfachen verpflichtenden Einsatz von Arbeitskräften einher. In der NS-Propaganda zum »unbezwingbaren Bollwerk« stilisiert, wurde der Westwall aber nie vollständig fertiggestellt und von den Alliierten im Winter 1944/45 an mehreren Stellen durchbrochen.

Neben den bemannten Bunkern wurde auch ein komplexes Sperrsystem für Panzerfahrzeuge aufgebaut, hier: Höckerlinie und Drahthindernisse im Bienwald, April 1940

Nach dem Zweiten Weltkrieg wurden zahlreiche Bauwerke des Westwalls von den Besatzungstruppen gesprengt. Als die Verantwortung an den Bund überging, wurden die verbliebenen Bauten vielerorts geschleift und übererdet, um sie so aus der öffentlichen Wahrnehmung zu entfernen. Knapp 60 Jahre nach Ende des Krieges setzte allmählich ein Umdenken in Wissenschaft, Naturschutz und Denkmalpflege ein. Man begriff nun die Bunkerbauwerke als mögliche Orte, um die Schrecken des Krieges für nachwachsende Generationen veranschaulichen zu können.
Inzwischen gibt es mehrere Museen, Wanderwege und Ausstellungen zum Westwall. Eine Auswahl von ihnen wird in diesem Buch vorgestellt. Zumeist wird leider nur der militärhistorische Aspekt herausgestellt und der zeit- und regionalgeschichtliche Kontext bloß knapp oder gar nicht thematisiert. So bleibt zu wünschen, dass in Zukunft alle Aspekte des ehemaligen Festungsgürtels umfassend erforscht werden und in die Konzeptionen der Museen Eingang finden, damit die Reste des Westwalls wirklich als Mahnmale gegen den Krieg dienen können.

Baugeschichte

Die Remilitarisierung des Rheinlandes

Die Geschichte des Westwalls ist auch immer eine Geschichte der Region. Nach dem Ersten Weltkrieg besetzten die alliierten Sieger die linksrheinischen Gebiete des Deutschen Reiches und richteten zudem vier Brückenköpfe auf der rechten Seite des Rheins ein. Dies sollte Frankreich und die Beneluxstaaten vor einem erneuten Überfall der Deutschen bewahren und den Siegermächten zugleich ein Pfand in die Hand geben, das die deutsche Regierung jederzeit an ihre Reparationszahlungen erinnerte. An das besetzte Gebiet schloss sich eine zehn Kilometer breite entmilitarisierte Zone an. Nachdem sich die deutsche Regierung mit der Unterzeichnung des Young-Plans zu verbindlichen Reparationszahlungen bis 1988 verpflichtet hatte, räumten die alliierten Truppen die linksrheinischen Gebiete und erklärten sie ebenfalls zur entmilitarisierten Zone.

Nach der »Machtergreifung« der Nationalsozialisten blieb diese Zone für die heimlich betriebene Aufrüstung des NS-Regimes erst einmal tabu. Doch schon 1936 fühlte sich Hitler stark genug, ließ die Zahlungen einstellen und am 7. März die Wehrmacht ins Rheinland einrücken. Als Sanktionen der internationalen Staatengemeinschaft – wie deutscherseits erhofft – ausblieben, begannen erste Baumaßnahmen, um die Westgrenze des Reiches zu befestigen. Bereits ab 1934 hatte die deutsche Führung an der Ostgrenze des Reiches die sogenannte Festungsfront Oder-Warthe-

Bogen errichten lassen, um jede militärische Invasion aus dem Osten Richtung Reichshauptstadt Berlin durch eine stark befestigte Bunkerlinie zu verhindern.

In der damaligen Propaganda (→ S. 22) wurden die Baumaßnahmen im Westen mit der Angst vor einem Überfall aus Frankreich begründet. Dabei ging es schon ab 1936 um die Vorbereitung auf einen neuen Krieg. Die mit allen Mitteln betriebene Aufrüstung wie auch der Bau des Westwalls sollten einen möglichen Einmarsch französisch-britischer Truppen als Reaktion auf die Annektierung des Sudetenlandes 1938 bzw. 1939 auf die Zerschlagung der »Rest-Tschechei« verhindern und nach dem Überfall auf Polen und der Anzettelung des Zweiten Weltkrieges das Deutsche Reich vor einem Zwei-Fronten-Krieg bewahren.

Zwischen 1936 und 1940 befestigte man die westliche Außengrenze auf einer Länge von etwa 630 Kilometern mit rund 20000 Betonbunkern, mit jeweils mehrere Kilometer langen Stollenanlagen, Sperreinrichtungen und Panzerhindernissen. Diese Baumaßnahmen von Kleve an der niederländischen Grenze bis hinunter nach Weil am Rhein an der Schweizer und französischen Grenze wurden ab 1936 schrittweise in verschiedenen Bauprogrammen ausgeführt.

Besetzung des Rheinlandes: Einmarsch von Wehrmachteinheiten in die linksrheinischen Teile Kölns, März 1936

Pionierprogramm 1936–1938

Für die Planung und Durchführung von Befestigungsarbeiten an den Grenzen des Deutschen Reiches war die Inspektion der Pioniere und Festungen (InFest) zuständig. Bereits am 12. März 1936 wies das Oberkommando des Heeres die Inspektion der Westbefestigung (InWest) mit Sitz in Wiesbaden an, mit der Projektierung und dem anschließenden Ausbau von Sperranlagen im Saarland und am Oberrhein zu beginnen. Schon Monate zuvor hatten Festungspioniere heimlich die entmilitarisierte Zone erkundet, um geeignete Bauabschnitte auszuspähen. Im Sommer 1936 billigte Adolf Hitler die Pläne für eine erste Ausbauphase – das zwischen 1936 und 1938 umgesetzte Pionierprogramm –, sodass die Arbeiten beginnen konnten.

In diesem Bauprogramm können drei Ausbauformen unterschieden werden, die je nach militärischer Zweckbestimmung entsprechend stark und komplex waren. In der Nähe der deutschen Grenze wurden an strategisch wichtigen Punkten, wie etwa an Brücken oder an Verbindungsstraßen, leichte Bunkerbauwerke errichtet. Diese sollten den Gegner nur kurze Zeit bei einem Vormarsch aufhalten, oder wie es im Militärjargon hieß: »sperren«. Aus diesem Grund wird die einfachste Ausbauform des Pionierprogramms auch als »Sperrausbau« bezeichnet. Dazu gehörten auch Panzersperren in Form von Betonelementen, die sogenannte Höckerline, die im Volksmund aufgrund ihrer charakteristischen Gestalt »Drachenzähne« genannt wurde.

Mit unterschiedlichen Bunkern mittlerer Ausbaustärke ausgestattet wurden die Anlagen des sogenannten Stellungsbaus, die im grenznahen Gelände verteilt waren. Im Ernstfall hätten Einheiten des Heeres die Bauwerke bezogen und versucht, den Vor-

Im Rahmen des Pionierprogramms errichtete Höckerhindernisse vor einem Schartenstand bei Schweigen, Rheinland-Pfalz, September 1939

marsch feindlicher Truppen mit Maschinengewehrfeuer abzuwehren. Entsprechend dieser Zweckbestimmung findet man in dieser Ausbaustufe nicht nur Kampfstände, sondern auch verbunkerte Befehlsstellen und Munitionsbunker.

Die dritte und stärkste Befestigung nannte man Festungsausbau. In diesem Fall sollte ein mögliches Kampfgebiet mit stark verbunkerten Bauwerken und einem komplexen unterirdischen Versorgungssystem versehen werden. Dabei waren in Richtung des Feindes nur die oberirdischen Teile der Kampfstände sichtbar. Soldatenquartiere, Munitionsdepots, Energieversorgung, Wasser- und Lebensmittellager sollten sämtlich unterirdisch untergebracht werden. Alle vorgeschobenen Kampfstände, die in »Werkgruppen« zusammengeschlossen waren, sollten durch ein kilometerlanges Hohlgangsystem miteinander verbunden werden. Dabei war ein zentraler Hauptgang mit entsprechenden Abzweigen zu den Kampfständen vorgesehen. Den Materialtransport hätte eine unterirdische Eisenbahn übernommen. Für den Festungsausbau mit den elf vorgesehenen Werkgruppen an der Westgrenze blieb es bei der Planung, da man das Ausland im Jahr 1936 über die wahren Absichten der Baumaßnahmen noch im Unklaren lassen wollte. Doch gegen leicht ausgebaute Stellungen sprach zu dieser Zeit nichts. Am Oberrhein wurde südlich von Karlsruhe der sogenannte Ettlinger Riegel bereits 1937 fertiggestellt; er gilt als einer der ersten einsatzbereiten Abschnitte der Westbefestigung des Landes.

Die Bunkerbauwerke der drei Ausbauformen des Pionierprogramms hatten vereinheitlichte Wand- und Deckenstärken. Für die Bauten des Festungsausbaus waren 3,5 (A), 2,5 (A1) und 1,5 (B) Meter starke Betonbauten vorgesehen; der Stellungsbau sollte Wandstärken von 1,5 (B), 1,0 (B1) und 0,6 (C) Meter aufweisen; im Sperrausbau schließlich wurden neben B1 und C auch 0,3 (D) Meter starke Wände errichtet. Eine solche Vereinheitlichung korrespondierte mit der Tatsache, dass schon im Pionierprogramm zahlreiche Typenbauten projektiert wurden. Das heißt, je nach Topografie des Geländes und beabsichtigtem militärischen Zweck konnten die Festungspioniere wie aus einem Katalog einen entsprechenden »Regelbau« aussuchen und anschließend durch die Baueinheiten errichten lassen.

Für die Umsetzung des Pionierprogramms veranschlagte man zunächst 6, später 16 Jahre. Letztlich wurden bis Ende 1937 etwa 600 verbunkerte Bauwerke zwischen der Eifelgemeinde Irrel und Weil am Rhein errichtet. Zu dieser Zeit war der Bau einer komplexen befestigten Linie gegenüber dem Auf- und Ausbau von Rüstungsunternehmen sowie einer umfassenden militärischen Infrastruktur im Hinterland von nachgeordneter Wichtigkeit.

Limes-Programm 1938/39

Bau eines Bunkers im Rahmen des Limes-Programms, Oktober 1938

Im Frühjahr 1938 änderte sich die Dringlichkeit der Ausbaupläne für die westliche Grenzbefestigung. Am 28. Mai 1938 befahl Adolf Hitler den forcierten Ausbau der Linie. Was war geschehen? Nachdem im März 1938 durch den »Anschluss« Österreichs die territoriale Expansion des Deutschen Reiches begonnen hatte, arbeitete das NS-Regime an Plänen, das Sudetenland und später auch das restliche Staatsgebiet der Tschechoslowakei zu besetzen. Man befürchtete im Falle eines militärischen Einmarsches in die Tschechoslowakei, dass französische Streitkräfte dem Land zu Hilfe kommen könnten. Daher sollte die Westgrenze mit unzähligen Bunker- und Abwehrbauwerken versehen werden. Man plante im Zuge des sogenannten Limes-Programms bis zum 1. Oktober des Jahres knapp 12 000 weitere Personenbunker und Schartenstände für Maschinengewehrstellungen zu errichten.

Wegen der ungeheuren Mengen an Material, die man dazu brauchte, wurde die Ausführung der Bunker überarbeitet und wurden ressourcensparendere Regelbauten entworfen. Neben den zahlreichen Bautypen für Maschinengewehr-, Flugabwehr- und Panzerabwehrgeschützen projektierte man im Limes-Programm erstmalig auch Bauwerke, die großkalibrige Marineartil-

Adolf Hitler bei der Inspektion einer Westwallbaustelle bei Saarbrücken, Oktober 1939

lerie-Kanonen aufnehmen konnten. Zeitlich etwas versetzt wurde im Hinterland unter der Regie der neu gegründeten Luftwaffe die Luftverteidigungszone West (→ S. 15) aufgebaut.

Hatten Planung und Durchführung bis dato allein bei den Festungspionieren gelegen, wurde die Verantwortung für die Bauarbeiten am 9. Juni 1938 nun der eigens dafür gegründeten Organisation Todt (OT) (→ S. 14) übertragen. Die Festungspioniere kümmerten sich fortan um die Weiterentwicklung von mehreren Typen- und Regelbauten und beobachteten die einsetzenden Arbeiten der OT. Zugleich wurde auch der Reichsarbeitsdienst (RAD) in das Bauprogramm eingebunden. Der RAD war ein wichtiger Teil des nationalsozialistischen Erziehungs- und Wirtschaftssystems, da jeder junge Mann bis 1939 sechs Monate Arbeitsdienst leisten musste (später wurden auch junge Frauen verpflichtet und die Dienstdauer schrittweise bis auf nur wenige Wochen verringert). Erst der 1935 eingeführte Reichsarbeitsdienst ermöglichte den Nazis, ihre gigantischen Bauprojekte inklusive Autobahn personell und finanziell umzusetzen.

Im Verlauf des Jahres 1938 kamen etwa 250 000 Arbeiter der Organisation Todt und 100 000 Mann des Reichsarbeitsdienstes zum Einsatz. Trotzdem wurde das Vorhaben nicht termingerecht fertig, auch wenn Adolf Hitler die riesige Baustelle im Laufe des Jahres mehrfach besuchte und man für Journalisten und regimetreue Künstler regelmäßige Reisen zum entstehenden Westwall organisierte, um die Baumaßnahmen durch die Medien und die Kunst populär zu machen und zu heroisieren. Als im September 1938 im Münchner Abkommen die Westmächte die deutsche Annexion des Sudetenlandes absegneten und sich damit die Gefahr eines militärischen Konfliktes mit Frankreich zunächst erledigt hatte, gingen die Arbeiten am Westwall unvermindert weiter – die nationalsozialistische Expansionspolitik hatte erst begonnen. Die Arbeiten verschlangen enorme materielle und finanzielle Ressourcen. Die Inspektion der Westbefestigung errechnete für die Baumaßnahmen des Limes-Programms Kosten in Höhe von 520 Millionen Reichsmark. Weitere 32 Millionen Reichsmark waren für das parallel zu errichtende Nachrichten- und Fernmeldenetz und 64 Millionen für den Bau eines Hunderte von Kilometern langen Panzerhindernisses erforderlich. Für die gesamten Arbeiten waren 8 Millionen Tonnen Zement; 1,2 Millionen Tonnen Eisen bzw. Stahl und 950 000 Festmeter Holz notwendig. Diese fehlten an anderer Stelle im Reich, wie etwa im zivilen Wohnungsbau. Die extremen Rüstungsausgaben brachten das Land an den Rand eines Staatsbankrotts.

Organisation Todt

Die Organisation Todt (OT), eine militärisch organisierte Baueinheit, wurde im Mai 1938 gegründet und begann kurze Zeit später mit den Bauarbeiten am Westwall und 1940 – nach der Besetzung der Anrainerstaaten durch die Wehrmacht – auch mit dem Aufbau des Atlantikwalls. Bei der OT kamen nach Kriegsbeginn zunehmend Zwangsarbeiter, Fremdarbeiter und Kriegsgefangene zum Einsatz. Insgesamt befehligte die OT mehr als eine Million Arbeitssklaven. Für 1944 sind 1 360 000 Arbeitskräfte im Deutschen Reich und in den besetzten Ländern Europas dokumentiert. Dies alles war nur durch eine straff organisierte Struktur nach militärischem Vorbild möglich.

Propagandakarte der Organisation Todt zu den Bauarbeiten am Atlantikwall, Juni 1943

Die Organisation war nach dem Bauingenieur Fritz Todt (1891–1942) benannt, der 1933 zum »Generalinspektor für das deutsche Straßenwesen« ernannt und mit der Leitung des Baus der Reichsautobahn beauftragt wurde. Todt besaß großes Organisationstalent. Durch die Erfolge beim Autobahnbau wurde er 1938 mit den Ausbauarbeiten des Westwalls beauftragt. Um die notwendigen Arbeitskräfte zu rekrutieren, ernannte man Todt 1938 zum »Generalbevollmächtigten für die Bauwirtschaft« und ab März 1940 zum »Reichsminister für Bewaffnung und Munition«. Damit unterstand ihm die Leitung der gesamten deutschen Kriegswirtschaft. 1942 kam Fritz Todt nach einem Besuch des »Führerhauptquartiers Wolfsschanze« unter bis heute ungeklärten Umständen bei einem Flugzeugabsturz ums Leben; viele seiner Ämter, darunter die Leitung der OT, übernahm danach Albert Speer.

Schwarzwald: Soldaten an einem leichten Flakgeschütz, Februar 1940

Luftverteidigungszone West 1938–1940

Parallel zum Bau des Westwalls zur Abwehr von Bodentruppen erfolgte im Hinterland im Auftrag des Reichsministers für Luftfahrt und Oberbefehlshabers der Luftwaffe Hermann Göring der Aufbau der Luftverteidigungszone West (LVZ). Nach den Erfahrungen des Ersten Weltkrieges nahm man zu Recht an, dass eine moderne Luftwaffe bei einem erneuten militärischen Konflikt eine entscheidende Rolle spielen würde.

Die wichtigste Aufgabe der betonierten Bauwerke war es, feindliche Flugzeuge abzuwehren bzw. ihren Kurs und ihre Flughöhe zu beeinflussen. Einige Regelbauten der LVZ – das größte Bauwerk war ein sogenannter Doppelgruppenunterstand für 27 Personen – wurden aus dem Limes-Programm übernommen oder modifiziert, ebenso wie es in der LVZ komplexe Anlagen samt einem Hohlgangsystem gab. Die dort installierten Geschütze konnten und sollten aber auch zur Panzerabwehr eingesetzt werden. Insgesamt wurden in diesem Bauprogramm knapp 2000 Bunkerbauwerke und Bettungen für Scheinwerfer- und Flakbatterien auf einer Tiefe von 20 bis 30 Kilometern vor dem eigentlichen Westwall errichtet. Neben der Flugabwehr sollte so die militärische Schlagkraft der Westbefestigung vergrößert werden. Die Bauarbeiten begannen im Frühjahr 1939 und wurden ebenfalls von der Organisation Todt durchgeführt. Bis zum Ende des Zweiten Weltkrieges gelang es aber nie – aller anders lautenden Propaganda (→ S. 22) des Regimes zum Trotz –, einen durchgehenden Flakgürtel parallel zum Westwall aufzubauen.

Die LVZ-Stellung in Rodert bei Bad Münstereifel wurde ab Frühjahr 1940 unter der Tarnbezeichnung »Felsennest« zum militärischen Befehlsstand ausgebaut, zu dem noch weitere verbunkerte Bauwerke gehörten. Von hier aus sollte Hitler den in Vorbereitung befindlichen »Westfeldzug« gegen Frankreich leiten können.

Gesprengter Bunker des »Führerhauptquartiers Felsennest«, 2012

Aachen-Saar-Programm 1939/40

Am 9. Oktober 1938 verkündete Adolf Hitler während des Gauparteitages der NSDAP in Saarbrücken, dass die Städte Saarbrücken und Aachen mit in die Westbefestigung des Landes einbezogen werden sollten, die bis dato hinter der eigentlichen Festungslinie lagen. Die Regelbauten dieses Aachen-Saar-Programm genannten Bauabschnitts wurden gegenüber dem Limes-Programm verändert. So sollte etwa die Wand- und Deckenstärke ab sofort in der Regel 2,0 Meter (B-neu) betragen und das Raumangebot innerhalb der Bunker vergrößert werden. Mit dem erweiterten Bauprogramm erhöhte sich die Anzahl der projektierten Bunkerbauwerke auf etwa 17000 Anlagen, von denen nicht alle bis Beginn des Zweiten Weltkrieges fertiggestellt werden konnte.

Im Herbst 1938 tauchte erstmalig der Begriff »Westwall« in einer nationalsozialistischen Tageszeitung auf, bis dahin hatte man die Baumaßnahmen immer als »Festungsanlagen im Westen« bezeichnet. Bis zum Frühjahr 1939 bürgerte sich dann der neue Begriff ein und wurde fortan auch von offiziellen Stellen verwendet.

Auch wenn nur 85 Prozent der Anlagen des Limes-Programms betoniert waren, lief das Bauprogramm letztlich im März 1939 aus. Nur bereits im Bau befindliche Anlagen wurden sukzessive – auch noch nach Beginn des Kriegs – fertiggestellt. Parallel zum Hauptverlauf des Festungsgürtels entstanden mehrere Abzweige, um wichtige Bereiche (Städte, Rüstungsstandorte usw.) wie etwa beim Aachen-Saar-Programm zu »schützen«. Dazu gehört die Geldernstellung (1939/40), durch die der Westwall bis nach Kleve verlängert wurde, der Orscholz-Riegel (1939/40), ein zusätzlicher Abschnitt des Westwalls von Trier nach Orscholz an

Vorgefertigte Teile von Panzerungen für den Westwall auf einem Lagerplatz bei Lebach im Saarland, Oktober 1939

der Saarschleife. Der Isteiner Klotz, ein Bergrücken bei Lörrach, wurde ebenfalls in den Westwall mit einbezogen und die dort bereits zwischen 1936 und 1939 errichteten Bunker ausgebaut. So entstand eine Festungslinie unterschiedlicher Dichte und Tiefenstaffelung. Dort wo man keine Bunkerbauten errichtet hatte, wurden die Abschnitte feldmäßig unter anderem mit Stacheldrahthindernissen befestigt. Aus Gründen der Tarnung erhielten viele Bauwerke einen Überbau, der das militärische Objekt äußerlich zum Beispiel in eine bäuerliche Scheune verwandelte.
1939 existierten so viele unterschiedliche Regelbauten, dass man beschloss, den Typenkatalog zu überarbeiten und neu zu strukturieren. Im selben Jahr errichtete man im Zuge der Kriegsvorbereitung – die Planungen für einen Überfall auf Polen waren bereits abgeschlossen – neben den neu projektierten Bauwerken auch erstmalig Scheinbauwerke, die mit preiswerten Beton- statt Stahlkuppeln ein komplexes Festungswerk simulieren sollten.

Auswirkungen auf die Bevölkerung

Die Bauarbeiten am Westwall veränderten das Leben der in den betroffenen Gebieten ansässigen Bevölkerung nachhaltig. Die Eigentümer der Grundstücke, die man für die militärischen Bauten brauchte, wurden nur in den seltensten Fällen angemessen finanziell entschädigt. Meistens wurden die Eigentümer enteignet bzw. mussten die Baumaßnahmen einfach dulden, die mit der »Durchführungsverordnung zum Schutzbereichsgesetz« rechtlich legitimiert wurden.

Für den Transport der Unmengen an Baumaterialien wurden viele neue Fuhrunternehmen gegründet oder bestehende erweitert, was einerseits Arbeitsplätze schuf, andererseits erhöhte sich mit der drastischen Zunahme des Lkw-Verkehrs gerade in den kleinen Ortschaften das Unfallrisiko für die dortigen Bewohner. Auch bei der Bahn sorgte das gestiegene Transportaufkommen dafür, dass einige Dienststellen der Reichsbahn ihr Personal verdoppelten. Der öffentliche Eisenbahnverkehr in Deutschland musste sich während des Baus am Westwall dem Transportverkehr unterordnen. Die enormen Mengen an Baumaterial wurden im gesamten Reichsgebiet beschafft. An bestimmten Baustoffen wie Stahl und Zement herrschte alsbald in der Bevölkerung großer Mangel, da sie für private Bauprojekte nicht mehr zur Verfügung standen.

Der wirtschaftliche und teils kulturelle Aufschwung in den bis dato größtenteils strukturschwachen Regionen veränderte aber auch das Sozialgefüge erheblich, denn für die Bauarbeiten am Westwall wurden bis zu 500 000 Arbeiter unterschiedlichster Herkunft beschäftigt bzw. zwangs- oder dienstverpflichtet. Dies war ab dem 22. Juni 1938 durch den Erlass der »Dienstpflicht-

Angehörige des Reichsarbeitsdienstes bei Wegebauarbeiten in der Nähe des Westwalls, Oktober 1938

verordnung« möglich. Der Anteil der nicht freiwilligen Arbeiter stellte die größte Gruppe der eingesetzten Kräfte dar.

Die Arbeiter wurden aus allen Teilen des Reiches zusammengezogen. Vor Ort wurden sie in Privatquartieren, provisorisch errichteten Gemeinschaftsunterkünften in öffentlichen Gebäuden oder in eigenen Barackenlagern untergebracht. Diese Lager wurden zum Teil neu errichtet, zum Teil nutzte man Lager, die während des Baus der Autobahn entstanden waren. Die große Zahl an Arbeitern stellte viele Gemeinden vor kaum zu lösende Herausforderungen. So musste nicht nur die örtliche Infrastruktur angepasst werden, meist war es auch mit der idyllischen Atmosphäre vorbei: Die gewachsene Natur- und Kulturlandschaft wurde durch die Baumaßnahmen stark verändert, in einigen Bauabschnitten kam es sogar zu Konflikten mit der einheimischen Bevölkerung. Die Kriminalitätsrate stieg rasant an.

Bauarbeiter am Westwall bei der Mittagspause, November 1938; im Hintergrund ihre Unterkunftsbaracken

Um wieder Ruhe und Ordnung unter den Arbeitern herzustellen, die sich vielfach nicht als rechtlose Arbeitskräfte auf einer der Baustellen abrackern wollten, wurden ihnen nach einigen Monaten bessere Löhne gezahlt und wurde ein ein umfangreiches Freizeitangebot organisiert. An einigen Baustellen kam es trotzdem zu Streiks und Demonstrationen für bessere Arbeitsbedingungen, denn auf der Baustelle lauerten zahlreiche Gefahren: Durch die hohe Arbeitsnorm, die teils primitiven Arbeitsmittel und die vielfach unqualifizierten Hilfskräfte kam es zu zahlreichen, gelegentlich auch tödlichen Unfällen.

Um die Disziplin zu erzwingen und Disziplinarstrafen vor Ort verhängen zu können, griff das Regime zu drakonischen Maßnahmen: Man richtete Polizeihaftlager (→ S. 30) ein, in die eingewiesen wurde, wer sich »arbeitsunwillig« zeigte oder sich etwas hatte zuschulden kommen lassen.

Das »Bollwerk« in der NS-Propaganda

Von irgendwelchen Schwierigkeiten beim Bau des Westwalls wollte man offiziell nichts wissen. Im Gegenteil. Von Anfang an wurden die Bauarbeiten an der Festungslinie vom Reichsministerium für Volksaufklärung und Propaganda unter Leitung von Joseph Goebbels – wie andere Großprojekte des nationalsozialistischen Regimes auch – in den Medien aufwendig inszeniert. Um das Ausland zu beschwichtigen, hieß es, es handle sich um ein reines Defensivbauwerk, niemand brauche Angst vor einem deutschen Aggressor zu haben, da eine befestigte Grenze auch die Souveränität der Nachbarländer garantiere. Es war gar von einem »Friedenswall« die Rede. Außerdem verwies man in diesem Zusammenhang auf einige benachbarte Staaten wie Frankreich, Belgien und die Tschechoslowakei, wo ähnliche Festungsbauwerke entstanden.

Der Propagandaaufwand wurde verstärkt, als Hitler im Mai 1938 befahl, die Baumaßnahmen auszuweiten und zu intensivieren. Nach wie vor wurde der Verteidigungscharakter der Festungslinie hervorgehoben, doch nun mischte man zunehmend noch zwei andere Elemente in die Berichterstattung. In den Propagandameldungen hieß es, der massive Einsatz von bis zu 500 000 Arbeitskräften am Westwall zeige die Stärke und Leistungsbereitschaft der deutschen »Volksgemeinschaft«, und mit fortschreitendem Ausbau betonte man die Unbezwingbarkeit des »Bollwerks«, das da zwischen Kleve und Weil am Rhein entstand.

Die Propagandakompanien der Wehrmacht wurden eingeschaltet wie auch die der Organisation Todt eigene Propagandaabteilung. Man beschränkte sich nicht auf Meldungen in den gleichgeschalteten Printmedien und auf Berichte in der Wochenschau, sondern

produzierte extra einen aufwendigen Westwall-Film, der 1939 erstmalig im Kino gezeigt wurde. Da bis zu diesem Zeitpunkt keine komplexen Anlagen mit imposanten Hohlgangsystemen fertiggestellt waren, musste man auf Nachbauten ausweichen, die man als Test- und Ausbildungsobjekt auf dem Truppenübungsplatz Hillersleben bei Magdeburg aufgestellt hatte. Das hinderte die NS-Propaganda nicht daran, den Mythos der Unbezwingbarkeit des Westwalls nur umso lauter und öfter zu verkünden.

Propagandaplakat für den Bau des Westwalls, August 1939

Die NS-Propaganda sollte nicht nur von den wahren Absichten der Nationalsozialisten ablenken, sondern auch die Bevölkerung langsam auf einen bevorstehenden Krieg vorbereiten. Im Sommer 1939 – kurz vor dem Überfall der deutschen Wehrmacht auf Polen – wurden entsprechende Meldungen forciert. Jetzt kam dem Bauwerk genau die Rolle zu, die man all die Jahre in den verschiedenen Medien hervorgehoben hatte: Um Ende 1939 in keinen Zweifrontenkrieg verwickelt zu werden, sollte der Westwall nun Schutz vor einem möglichen Angriff der französischen oder britischen Streitkräfte bieten. Der Westwall war eine Verteidigungslinie, die erbaut worden war, nicht um den Frieden zu sichern, sondern um den Krieg zu führen.

Evakuierung der Zivilbevölkerung

Das Gebiet entlang der Westgrenze des Reiches unterteilte man in zwei Zonen. Die »Rote Zone« beschrieb einen zehn Kilometer breiten Streifen und lag im Vorfeld der Festungslinie. Daran schloss sich eine »Grüne Zone« an, etwa 20 Kilometern breit, in denen die Kampfbunker standen. Mit dem Überfall auf Polen am 1. September 1939 begann die behördlich angeordnete Evakuierung aufgrund der sogenannten Freimachungsverordnung.

In mehreren Wellen räumte man das vermeintliche Kampf- und Kriegsgebiet von Zivilisten: Etwa eine Million Menschen wurden im Herbst 1939 umgesiedelt. Das persönliche Gepäck durfte nicht mehr als 30 Kilogramm wiegen. Entweder fanden die Evakuierten Unterschlupf bei Bekannten und Verwandten außerhalb der beiden Zonen, oder sie wurden in sogenannten Auffanggebieten im Inneren des Deutschen Reiches angesiedelt.

Mit dem Überfall auf Polen wurde die »Rote Zone« am Westwall evakuiert und zum Sperrgebiet, hier: Straßensperre im pfälzischen Steinfeld, 1939

Nach dem Sieg über Frankreich im Sommer 1940 durften auf Antrag die ersten Evakuierten wieder in ihre Heimat zurückkehren. Dort fanden sie zumeist verwahrloste Städte und Ortschaften vor, nicht selten waren Häuser und Wohnungen geplündert worden. Einige Häuser und Höfe waren von der Wehrmacht abgerissen

»Ich war damals 19 Jahre alt und seit einem Jahr verheiratet. Am 1. September [1939] kam mein Mann Peter [...] und sagte mir, dass wir schnellstens packen müssten, da wir evakuiert und noch am gleichen Morgen mit Autos abgeholt würden. Wir durften nur 30 Kilo Gepäck mitnehmen. Mit den Autos brachte man uns zum Bahnhof nach Mettlach, alle die alten Leute, Frauen und Kinder von Nohn. In Mettlach wurden wir in große, geschlossene Viehwaggons verladen und mit unbekanntem Ziel abtransportiert. [...] Nachts hielt unser Zug [...] in Arolsen (Hessen). Wir blieben bis zum Morgen im Bahnhof, dann kamen Familien aus Arolsen, die uns übernehmen sollten. Sie suchten sich die Leute aus, die ihnen gefielen. Meist waren dies Jüngere, die noch arbeitsfähig waren. Die Alten sowie die Frauen mit Kindern blieben zum Schluss noch übrig und mussten einigen Familien zugeordnet werden, da keiner sie haben wollte.« (Zeitzeugin aus Nohn, zit. nach: Josef Ollinger: Weihnachten weitab von der Heimat, in: Saarbrücker Zeitung, 24. 12. 2009)

worden, um freies Schussfeld zu haben. Ihre früheren Bewohner wie auch andere Evakuierte, denen man die Rückkehr nicht gestattete, wurden gezielt ins nunmehr annektierte Elsass-Lothringen umgesiedelt, um so den Herrschaftsanspruch NS-Deutschlands auf diese Gebiete zu zementieren.

Nur vier Jahre später wurden die Gebiete entlang des Westwalls erneut evakuiert, dieses Mal wegen der bei alliierten Luftangriffen zerstörten Eisenbahnverbindungen, allerdings unkontrollierter als 1939. Doch nicht alle Menschen verließen ihr Zuhause, sondern blieben aus Angst um Hab und Gut auch während des Vormarschs der Alliierten in ihrer Heimat.

Sitzkrieg

Nach dem Überfall auf Polen erklärten Frankreich und Großbritannien am 3. September 1939 Deutschland den Krieg. Doch fand man keine gemeinsame Strategie zur militärischen Intervention. An einigen Stellen überquerten französische Kommandoeinheiten aus Aufklärungsgründen die deutsche Grenze oder warfen in den Nachtstunden Flugblätter über deutschem Boden ab. Danach entwickelte sich der sogenannte Sitzkrieg.

Der Mythos von der Unbezwingbarkeit des Westwalls schien sich in dieser Phase des Krieges für die Deutschen auszuzahlen. Die Wehrmacht hielt die Anlagen des Westwalls besetzt und die Franzosen die der Maginot-Linie. Man verhielt sich abwartend, beobachtete sich, langweilte sich. Dieser »drôle de guerre«, wie er in Frankreich genannt wurde, dieser seltsame Krieg kam den Aggressionen der Nazis zugute – und kostete viele deutsche Grenzlandbewohner ihre Heimstatt. Um die kargen Bunker und militärischen Zweckbauten wohnlicher zu gestalteten, entstanden nicht nur zahlreiche Wandgemälde, die teils heute noch vorhanden sind, sondern wurden vielerorts auch Wohnungen der evakuierten Landsleute von den Soldaten geplündert. Häuser und Keller der evakuierten »Roten Zone« (→ S. 24) boten ausreichend Gelegenheit, um sich die Langeweile mit der Besorgung von Inventar zu vertreiben. Um die Diebstähle einzudämmen – auch Zivilisten reisten inzwischen in die geräumten Gebiete und bedienten sich aus dem Eigentum der Evakuierten –, wurde dort nach einiger Zeit ein Patrouillendienst aufgebaut. Plünderung wurde unter Todesstrafe gestellt und eines der ersten Urteile am 4. November 1939 vollstreckt.

Gleichzeitig gingen die Ausbauarbeiten am Westwall weiter. In

»Sitzkrieg« auf Gartenstühlen hinter einem Westwall-Bunker, Herbst 1939

einigen Bereichen reagierten die Deutschen sogar auf strategische Rückzüge der französischen Truppen. So entstanden weitere leicht ausgebaute militärische Stellungen, etwa die Spichern-Stellung bei Saarbrücken, die ab Januar 1940 – also noch vor Beginn des »Westfeldzuges« – teilweise auf evakuiertem französischem Staatsgebiet errichtet wurde.

Nach dem Überfall auf Polen im Herbst 1939 und der Besetzung Dänemarks und Norwegens im Frühjahr 1940 richteten sich die nächsten Expansionspläne des NS-Regimes gegen Westeuropa. Nachdem im Mai 1940 die Beneluxstaaten militärisch besetzt waren, folgte kurze Zeit später der Einmarsch in Frankreich. Schneller als geplant stieß die Wehrmacht tief nach Frankreich vor. Nach nur acht Monaten entwickelte sich der Sitzkrieg zu einem realen Krieg.

Baustopp

Mit den Überfällen der deutschen Wehrmacht auf die westlichen Nachbarländer im Frühjahr 1940 verlangsamten sich die Bauarbeiten am Westwall. Nach dem am 25. Juni 1940 geschlossenen Waffenstillstand mit Frankreich in Compiègne wurden sie wenige Tage später schließlich ganz eingestellt. Zu diesem Zeitpunkt immer noch nur rudimentär fertiggestellt, hatte der Westwall seine Funktion verloren. Gleichwohl beschloss die Wehrmachtführung den Erhalt der baulichen Strukturen. Einrichtungsgegenstände, Beobachtungs- und Waffentechnik aus den kleinen Anlagen dagegen wurden nun demontiert und eingelagert. Sie fanden größtenteils ab 1942 beim Ausbau des Atlantikwalls – der die Kanal- und Nordseeküste vor einer alliierten Invasion sichern sollte – wieder Verwendung.

Doch auch zivile Bunker »profitierten« von der Desarmierung der militärischen Anlagen. Die Schlafgestelle etwa wurden vielfach in den im Aufbau befindlichen zivilen Luftschutzanlagen verbaut, um der eigenen Bevölkerung als »Westwall-Betten« im Bombenkrieg auch Schlafmöglichkeiten anzubieten.

Die größeren Bauwerke wie etwa die B-Werke (→ S. 58) behielten zumeist ihre Ausstattung und wurden in einen Ruhezustand versetzt. Sogenannte Wallmeister kümmerten sich um ihre Wartung. Feldbefestigungen wurden abgebaut und Panzersperren baulich so umgestaltet, dass Straßen und Brücken wieder passierbar waren. Bei den Demontagearbeiten wurden teilweise auch französische Kriegsgefangene eingesetzt, so beim Abbau der Stacheldrahtsperren.

Die militärischen Erfolge der deutschen Wehrmacht auf dem europäischen Festland beantworteten die Alliierten mit einer zuneh-

menden Zahl an Luftangriffen. Standen in der ersten Phase vornehmlich strategische wichtige Objekte wie Verkehrsknoten oder Rüstungsanlagen auf der Zielliste der Bomberverbände, gerieten ab 1941/42 auch Städte ins Visier der Alliierten. Schnellstmöglich wurden vielerorts zivile Luftschutzbunker errichtet, doch nicht immer standen entsprechende Ressourcen zur Verfügung. Nachdem mehrfach stillgelegte Bunker der Festungslinie gewaltsam aufgebrochen worden waren, um der Zivilbevölkerung als bombensicherer Unterschlupf zu dienen, erfolgte nach Absprache des Reichsluftschutzbundes mit den militärischen Stellen eine generelle Freigabe militärisch nicht benötigter Bunker für Zwecke des Zivilschutzes bei Luftalarm. Da die Betonbunker inzwischen leer geräumt waren, wurden sie häufig provisorisch mit privaten Sitz- und Einrichtungsgegenständen ausgestattet.
Doch nicht alle Westwallbunker wurden zu Luftschutzbunkern umgewidmet, oft dienten sie zwischen 1942 und 1944 als Lager und »Kartoffelkeller« der örtlichen Bevölkerung.

Heutiger Zugang zum belgischen Fort Eben-Emael, wo der »Westfeldzug« am 10./11. Mai 1940 mit einer Kommandooperation der Wehrmacht begann, 2012

Gedenkstätte SS-Sonderlager / Konzentrationslager Hinzert

An der Gedenkstätte
54421 Hinzert-Pölert
www.gedenkstaette-hinzert-rlp.de

Zur Disziplinierung von straffällig gewordenen Westwall-Arbeitern (→ S. 20) wurde im Oktober 1939 in der Nähe von Trier ein Polizeihaftlager eingerichtet, das zuvor vom Reichsarbeitsdienst genutzt worden war und nun zum »SS-Sonderlager Hinzert« umgewandelt wurde. Ähnlich wie die ab 1941 errichteten Arbeitserziehungslager der SS sperrte man dort Arbeiter ein, denen eine »Nichterfüllung ihrer Arbeitspflicht« vorgeworfen wurde. Vor Ort oder in einem der Außenlager oder einem diesem unterstehenden Polizeihaftlager wurden »Arbeitsunwillige« und »asoziale« Personen mit Gewalt oder deren Androhung zur Arbeit gezwungen. Sie sollten so physisch gebrochen werden, um sie zu »guten« Mitgliedern der »Volksgemeinschaft« zu erziehen. Im Lager herrschten KZ-ähnliche Bedingungen.

Als die Bauarbeiten am Westwall im Sommer 1940 eingestellt wurden, änderte sich die Funktion des SS-Sonderlagers im NS-Repressionsregime. Fortan unterstand das Lager direkt der Inspektion der Konzentrationslager (IKL) in Oranienburg und fungierte als Durchgangslager vornehmlich für belgische, französische, luxemburgische und niederländische Gefangene. Das Barackenlager war auch Folter- und Hinrichtungsstätte für einzelne Insassen, teils auch ganze Häftlingsgruppen. Bisher sind 321 Morde dokumentiert.

Nach einer Inhaftierung im KZ Hinzert wurden die Gefangenen von dort aus in größere Haft- oder Konzentrationslager verschleppt. Wie viele Personen das Lager insgesamt durchlaufen haben, ist bis heute nicht exakt zu bestimmen. Schätzungen gehen von etwa 13 600 Personen aus. Unter ihnen waren auch rund 800 Angehörige der französischen Fremdenlegion. Die französische Vichy-Regierung war angewiesen, diese an das NS-Regime auszuliefern. Fremdenlegionäre deutscher Herkunft wurden teils nach intensiver Überprüfung entlassen und anschließend in die Wehrmacht übernommen.

Eine große Häftlingsgruppe stellten auch die luxemburgischen Widerstands-

Barackenlager, das ab 1939 als SS-Sonderlager und ab 1940 als KZ Hinzert diente, 1942

kämpfer dar, die ab November 1941 hierher verschleppt wurden. In Hinzert waren zudem zahlreiche Zwangsarbeiter aus den besetzten Ländern West- und Osteuropas inhaftiert. So diente das KZ Hinzert ab 1942 auch als Aufnahme- und Überprüfungslager für inhaftierte Zwangsarbeiter, die sich verbotenerweise mit deutschen Frauen »eingelassen« hatten und verhaftet worden waren. Diese Männer waren meist polnischer Herkunft und mussten hier – sofern sie äußerlich den »arischen« Kriterien des NS-Regimes entsprachen – ihre »Eindeutschungsfähigkeit« unter Beweis stellen. Diese sogenannten E-Polen (E für Eindeutschungsfähigkeit) konnten nach erfolgreicher Überprüfung in die Freiheit entlassen werden und eine deutsche Frau heiraten – im »Dritten Reich« eigentlich vollkommen undenkbar, da die NS-Rassenideologie strenge Kriterien bei Eheschließungen vorsah. Fiel die Überprüfung negativ aus, wurden die Häftlinge in der Regel in andere Konzentrationslager überstellt.

Im März 1945 evakuierten die Wachmannschaften der SS das Lager und trieben alle Häftlinge, die noch laufen konnten, auf einen Todesmarsch in Richtung Buchenwald.

Bereits 1946 wurde vor Ort ein Ehrenfriedhof eingeweiht. In den 1950er Jahren ersetzte man auf dem Friedhof die Holzkreuze durch solche aus Stein. Mit dem 1986 eingeweihten Denkmal des ehemaligen Hinzert-Häftlings und Bildhauers Lucien Wercollier wurde das Areal zur Mahn- und Gedenkstätte aufgewertet, einige Jahre später erste

Neues Dokumentations- und Begegnungshaus, 2006

Informationstafeln aufgestellt. Seit 2005 informiert eine umfassende Dauerausstellung über die Geschichte des Lagers in einem neu errichteten Dokumentations- und Begegnungshaus, das für seine außergewöhnliche Architektur mit zahlreichen Preisen ausgezeichnet wurde.
Das Team der Gedenkstätte organisiert Führungen und Projekttage. Im angrenzenden Wald klärt zusätzlich ein Informationstafelsystem über die »Stätten der Unmenschlichkeit« auf.

◄ Ehrenfriedhof und Dokumentationsgebäude (im Hintergrund) des ehemaligen KZ Hinzert, 2008

Reaktivierung

Nach ihrer Landung in der Normandie im Sommer 1944 rückten die Alliierten schnell weiter in Richtung der deutschen Westgrenze vor. Die vorgesehenen Verteidigungs- und Rückzugslinien der Deutschen wie etwa die Somme-Marne-Linie waren militärisch nicht lange zu halten. Daher befahl Adolf Hitler im Juli 1944 als oberster Befehlshaber der Wehrmacht die Reaktivierung der bis 1940 fertiggestellten Objekte des Westwalls und einen verstärkten Ausbau des Abschnitts in Höhe des Ruhrgebietes. Dazu sollten auch Einheiten des Reichsarbeitsdienstes und des neu aufgestellten Volkssturms eingesetzt werden.

Im Oktober 1944 standen dann bis zu 385 000 Arbeitskräfte zur Verfügung. Außerdem kamen noch Zwangsarbeiter unterschiedlichster Herkunft zum Einsatz. Doch zu diesem Zeitpunkt mangelte es nicht nur an entsprechenden Einrichtungsgegenständen für die Ausstattung der Bunkeranlagen. Mittlerweile hatte sich die Waffentechnik so stark weiterentwickelt, dass viele Bauwerke nicht mehr mit modernem (Waffen-)Material ausgestattet werden konnten. So blieb auch dieser Ausbau nur eine provisorische Maßnahme.

Am 31. August 1944 hatte Hitler den Befehl erteilt, die Westwallbauten wieder zu besetzen und einen alliierten Angriff unter allen Umständen abzuwehren. Selbst die französische Maginot-Linie wurde zum Teil in die deutschen Verteidigungsplanungen einbezogen und ebenfalls feldmäßig verstärkt. Doch neben den unzureichenden baulichen Vorbereitungen mangelte es auch an einer ausgebildeten militärischen Besatzung. Qualifizierte Soldaten waren an anderen Fronten gebunden oder befanden sich bereits in Kriegsgefangenschaft. Als »letztes Aufgebot« fungier-

Zivilisten auf dem Weg zum Ausbau des Westwalls kurz vor dem Einmarsch der Alliierten, Herbst 1944

ten nun vielerorts alte Männer, Frauen und Kinder. Doch auch Zwangsarbeiter und KZ-Häftlinge wurden für provisorische Schanzarbeiten herangezogen.

Im Herbst 1944 stoppte der militärische Vorstoß der Alliierten an der Ostgrenze Frankreichs, nicht etwa weil der Westwall eine unüberwindbare Festungslinie darstellte, sondern weil man einen gesicherten Nachschub organisieren wollte. Noch im Herbst 1944 versuchten die alliierten Streitkräfte im Rahmen der »Operation Market Garden«, den Westwall im Norden zu umgehen. Doch sie konnten die strategisch wichtigen Rheinbrücken nicht einnehmen bzw. dauerhaft halten und brachen die militärische

Zeitzeugenbericht

Der 1922 geborene Tony Vaccaro war bei der Landung der Alliierten in der Normandie dabei und rückte mit der US-Armee bis an die Elbe vor. Als Frontsoldat dokumentierte er das Kriegsgeschehen in unzähligen Fotos, so auch die erbitterten Kämpfe im Hürtgenwald, an denen er teilnahm.
Tonaufnahmen seiner Schilderungen sind auch bei den »Historisch-Literarischen Wanderwegen« der Konejung Stiftung (→ S. 46) zu hören.

»Am Morgen des 5. Dezember [1944] wachte ich auf und sah die Zerstörung. Überall Leichen, die man nicht geborgen hatte. Überall Schlamm und Schnee miteinander vermischt. Ich habe Fotos davon. Tote Tiere, tote Pferde, tote Kühe, tote Schafe, tote Ziegen, Fahrräder, Hauseinrichtung, Kühlschränke oder rausgeworfene Öfen, Kapellen mit Löchern in den Mauern – überall Zerstörung und nur Schlamm, Schlamm, Schlamm – überall.
Als wir in den Wald zogen [...] waren die Bäume zerhackt und heruntergerissen – und von Tag zu Tag gingen wir tiefer und tiefer hinein. [...] Eines Tages nahmen wir drei Gefangene, die zum Hauptquartier gebracht wurden. [...] Es schneit, es ist so gegen 10, 10.30 Uhr morgens, und plötzlich greifen die Deutschen mit Mörsern an. Da ist dieser GI, der die Deutschen abführt und ihnen sagt: ›Geht links, geht rechts‹ – da schlägt eine der Mörsergranaten direkt hinter ihm ein und tötet ihn. Diese drei Deutschen kommen zurück und sagen: ›Euer Soldat wurde getötet!‹ Sie wollten nicht mehr zurück und kämpfen, sie hatten genug vom Krieg.«
(Quelle: Konejung Stiftung: Kultur, Historisch-Literarischer Wanderweg/Hemingway-Trail).

US-Soldaten an der Reichsgrenze, Winter 1944/45

Operation am 27. September 1944 ab. Im Oktober 1944 versuchten die Alliierten an mehreren Stellen, durch die befestigten deutschen Linien durchzubrechen. Die Stadt Aachen war schließlich die erste Stadt auf Reichsgebiet, die am 21. Oktober 1944 von US-Einheiten besetzt wurde. Ein anderer Versuch des Durchstoßes erfolgte ab 6. Oktober im Hürtgenwald, dieser zog sich aber bis Februar 1945 hin.
Mit einem enormen Aufgebot an Mensch und Material versuchte die Wehrmacht ab Dezember 1944 mit der Ardennenoffensive noch einmal die Initiative zurückzugewinnen. Doch letztlich scheiterte auch diese letzte große Gegenoffensive. Die alliierten Truppen rückten auf deutsches Gebiet vor.
Der Westwall stellte nie eine wirkliche militärische Barriere dar, da er bis 1944 nur lückenhaft ausgebaut bzw. ausgestattet blieb. Vom propagierten Schutzwert war man weit entfernt. Der Westwall verlängerte lediglich den längst verlorenen Krieg um mehrere Monate und brachte dadurch Leid und Zerstörung in zahlreiche Regionen im Westen des Deutschen Reiches.

Vom Umgang mit einem schwierigen Erbe

Der lange Weg zur Erinnerungslandschaft

Beseitigung

Mit dem Einmarsch der alliierten Streitkräfte endete in vielen Regionen der Festungslinie bereits im Winter 1944/45 der Zweite Weltkrieg. Die militärischen Anlagen wurden von den künftigen Besatzungskräften desarmiert und die noch vorhandenen Einrichtungsgegenstände von der Bevölkerung vielerorts geplündert. Da durch die Kriegshandlungen und die Luftangriffe ein Großteil des Wohnraums zerstört worden war, nutzten zahlreiche Familien die Betonbunker als Notquartiere. Bei der Beseitigung von Kriegsspuren, insbesondere bei gefährlichen Tätigkeiten wie etwa der Beräumung von Minenfeldern, wurden deutsche Kriegsgefangene und inhaftierte Nationalsozialisten eingesetzt.

Das Alliierte Kontrollratsgesetz Nr. 23 vom 10. April 1946 verbot in Deutschland die Existenz von militärischen Bauten jedweder Art. Das sollte zur vollständigen Entwaffnung und Entmilitarisierung des Landes beitragen. Daraufhin forcierte man im Sommer 1946 den Ausbau der noch vorhandenen Festungsbauteile zum Zweck der Schrott- und Materialgewinnung. Nachdem alle brauchbaren Einrichtungsgegenstände entfernt waren, begannen die Sprengarbeiten, bei denen gleich Munitionsreste und Bomben mit entsorgt wurden. Die teils willkürliche Zusammensetzung der Explosivmittel und die Unerfahrenheit der Sprengeinheiten zogen gelegentlich die umliegenden Wohnhäuser in Mitleidenschaft. Dadurch formte sich in der Bevölkerung reger

Blick auf einen gesprengten Westwall-Bunker in Rheinland-Pfalz, 2012

Widerstand. Im Herbst 1948 wurden die Sprengarbeiten zuerst im Saarland und 1950 in den übrigen Bundesländern vorerst eingestellt.

Nach der Gründung der Bundesrepublik Deutschland regelte ab 1957 das Allgemeine Kriegsfolgengesetz (AKG) den Umgang mit den zerstörten und unzerstörten Bauten des Westwalls. In Rheinland-Pfalz schätzte man die Abbruchkosten für 6300 der 9067 erfasste Bunker sowie für 65 Kilometer Höckerlinie auf rund 120 Millionen DM – Finanzmittel, die in der jungen Bundesrepublik für den Wiederaufbau notwendiger waren. So wurden in den Jahren bis 1975 letztlich bundesweit nur rund 35 Millionen DM für die Beseitigung solcher Bauten ausgegeben.

Gleichwohl sind heute von den ursprünglich knapp 20 000 Bauwerken des Westwalls nur etwa 800 Anlagen baulich unzerstört erhalten geblieben.

Denkmalschutz

Die noch vorhandenen Bauten des Westwalls gelten als die größte bauliche Hinterlassenschaft der nationalsozialistischen Diktatur in Deutschland. Trotzdem haben sich im Bereich des Westwalls erst langsam und wenige kleinere Ausstellungs- und Museumsobjekte etabliert. In bislang allen Fällen gehen diese auf das Engagement von Privatpersonen zurück. Mit begrenzten Kapazitäten ausgestattet, stellen diese oftmals den rein militärischen Aspekt unreflektiert in den Fokus. Der politische und historische Kontext wird dagegen oft nicht differenziert thematisiert.

Nachdem seit 1945 etwa 95 Prozent der Überreste des Westwalls gesprengt worden waren, setzte ab den 1980er Jahren allmählich eine Diskussion über den »Denkmalwert des Unerfreulichen« (so ein sprechender Buchtitel) ein. 1978 hatte man erstmalig Bauten

Informationstafel am Westwallweg in Otterbach, 2013

des Westwalls in Aachen unter Denkmalschutz gestellt. Die Bundesanstalt für Immobilienaufgaben (BImA) als Rechtsnachfolgerin und vielfach Eigentümerin der Hinterlassenschaften hatte bis dahin den reinen Rückbau oder die Übererdung der Bauten favorisiert und ist so auch bis zur Jahrtausendwende verfahren.
Mit dem Projekt »Grüner Wall im Westen« (→ S. 42) konnte der Bund für Umwelt und Naturschutz Deutschland (BUND) 2005 weitere Abrisspläne vorerst stoppen. Man begann nun eine umfangreiche Dokumentation der noch vorhandenen Hinterlassenschaften zu erstellen und überlegte, wie ein historisch und politisch angemessener Umgang bei einzelnen Objekten aussehen könnte. Eine Veranstaltergemeinschaft, die vornehmlich aus dem Rheinischen Landesamt für Bodendenkmalpflege, der Kölner »Gesellschaft für interdisziplinäre Praxis e.V.« und dem »Arbeitskreis der NS-Gedenkstätten in NRW e.V.« bestand, organisierte 2007 dazu in Bonn eine Fachtagung, auf der der bisherige Umgang mit den Bauwerken und auch die existierende Erinnerungslandschaft einhellig kritisiert wurde.
Denkmalschützer aus Nordrhein-Westfalen, Rheinland-Pfalz, Saarland und Baden-Württemberg gründeten eine gemeinsame Arbeitsgruppe, um sich in ihrem Vorgehen untereinander abzustimmen und um die verschiedenen Anlagen als Natur- und Denkmallandschaft sorgfältig zu bewerten und anschließend – wo für sinnvoll und möglich erachtet – gezielt zu erhalten.
Heute stehen mehrere hundert Anlagen unter Denkmalschutz. Es bleibt zu wünschen, dass an geeigneter Stelle ein zentrales Westwall-Dokumentationszentrum aufgebaut wird. Pläne dafür – auf dem Gelände der ehemaligen NS-Ordensburg Vogelsang (→ S. 48) – existieren seit einigen Jahren.

Naturschutz

Nachdem ein Großteil der knapp 20000 Bunkeranlagen des Festungsgürtels nach Ende des Zweiten Weltkrieges gesprengt worden war, fielen die Bauwerke der »dunklen Vergangenheit« vielerorts in eine Art Dornröschenschlaf. Dort, wo sie die Verkehrssicherheit gefährdeten, wurden sie geschleift oder übererdet. Die anderen Anlagen entwickelten sich – da in der Regel weder sie noch das direkte Umfeld landwirtschaftlich genutzt werden konnten – über die Jahrzehnte zum Ersatzlebensraum von zahlreichen gefährdeten und teils vom Aussterben bedrohten Tier- und Pflanzenarten. Ohne direkten Eingriff des Menschen entstand so ein engmaschiges Biotopverbundsystem. Die einst von den Nationalsozialisten zerstörte oder umgewandelte Landschaft wurde von der Natur zurückerobert. Doch erst umfassende Dokumentationsmaßnahmen stellten neben einem Denkmalschutz- auch letztlich einen Naturschutzwert fest.

Unter der Bezeichnung »Grüner Wall im Westen« startete der Bund für Umwelt und Naturschutz Deutschland (BUND) 2006 ein Projekt, das sich für den Erhalt und eine beständige Sicherung der Anlagen einsetzt. Dadurch wollte man erreichen, dass die

ehemaligen Militärhinterlassenschaften aus historischer, denkmalschützerischer und naturkundlicher Sicht erhalten werden. Zahlreiche Bauwerke hat der BUND erworben und anschließend gesichert bzw. zum Rückzugsort für verschiedene Tierarten ausgebaut.

Im Januar 2014 wurde die Gründung einer Stiftung bekannt gegeben. Sie soll – ausgestattet mit 25 Millionen Euro – ihre Arbeit am 1. Oktober 2014 aufnehmen. Das Land Rheinland-Pfalz erhält nicht nur die Summe vom Bund, sondern bekommt auch alle Westwall-Hinterlassenschaften in diesem Bundesland übertragen. Neben Natur- und Denkmalschutz soll auch die historisch-politische Bildung gepflegt werden. Die rheinland-pfälzische Umweltministerin Ulrike Höfken erklärte dazu am 28. Januar 2014: »Die Ruinen des Westwalls sind vor allem ein Mahnmal, das an die verbrecherische Politik der Nationalsozialisten erinnert. Die Landesregierung hat sich das Ziel gesetzt, die Ruinen als Zeitzeugnis für nachkommende Generationen zu erhalten und gleichzeitig als einen einzigartigen Rückzugsraum für seltene Arten zu sichern. Dieses lange, grüne Band bildet zudem einen wertvollen Biotopverbund.«

Von der Natur überwucherte Höckerlinie in Rheinland-Pfalz, 2010

Nordrhein-Westfalen

Hürtgenwald

Museum Hürtgenwald 1944 und im Frieden
Pfarrer-Dickmann-Straße 21 – 23, 52393 Hürtgenwald-Vossenack
www.museum-huertgenwald.de

Am 6. Juni 1944 begannen die Landungsoperationen der Alliierten in der Normandie. Unter schweren Verlusten auf beiden Seiten wurden die deutschen Einheiten schrittweise zurückgedrängt oder gefangen genommen. Die alliierten Streitkräfte stießen in Richtung Deutsches Reich vor und machten an der Ostgrenze Frankreichs kurzzeitig Halt, um den Nachschub zu sichern. Diese Waffenpause gab den Deutschen die Gelegenheit, die Bauarbeiten an strategisch wichtigen Punkten des Westwalls wieder aufzunehmen bzw. zu intensivieren.

Mit Fortsezung des Vormarsches versuchten US-amerikanische Einheiten ab dem 6. Oktober 1944, im Hürtgenwald die Festungslinie zu durchbrechen (→ S. 36). Die erbitterten Kämpfe, die als »Allerseelenschlacht« in die Geschichte eingingen, dauerten bis Mitte Februar 1945 und kosteten auf beiden Seiten jeweils mehr als 10 000 Menschen das Leben. Erst am 10. Februar gelang es Einheiten der US-Streitkräfte, den Westwall zu überwinden und anschließend einen Brückenkopf zu etablieren, bevor man mit Desarmierungsarbeiten begann.

Der Geschichtsverein Hürtgenwald e.V. unterhält in Vossenack das »Museum Hürtgenwald 1944 und im Frieden«, in dem es verschiedene Themenräume zu den Kämpfen der »Allerseelen-

Infanteriestellung der Wehrmacht im Hürtgenwald, November 1944 (o.); Durchbruch der alliierten Streitkräfte durch den Westwall, Winter 1944/45 (u.)

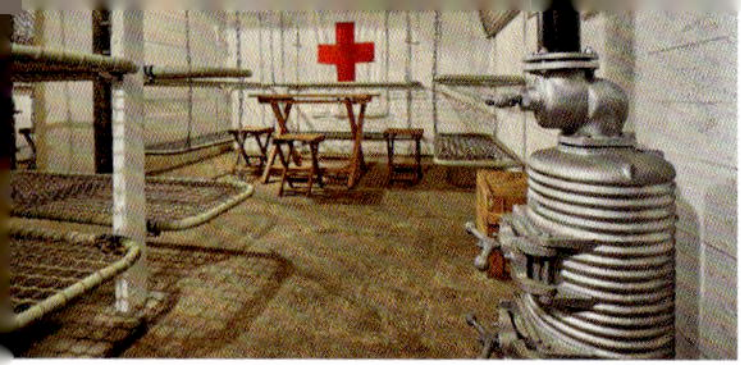

Raum im ehemaligen Sanitätsbunker 374 in Simonskall, 2013

schlacht« informieren. Bemühungen zur Änderungen der thematischen Ausrichtung des Museums hin zur angestoßenen differenzierten Aufarbeitung der Geschichte des Hürtgenwaldes wurden in den vergangenen Jahren nur ansatzweise umgesetzt. Darüber hinaus organisieren Mitglieder Führungen durch die Ausstellung und zu den Überresten des Westwalls.

Geländeexkursionen durch unterschiedliche Abschnitte der Eifel übernehmen auch »History Guides«, ein Zusammenschluss kompetenter Referenten, die ihr Wissen an den authentischen Orten weitergeben (www.history-guides.de).

Im etwa fünf Kilometer entfernten Simonskall engagiert sich der Geschichtsverein Hürtgenwald e.V. für den Erhalt des ehemaligen Sanitätsbunkers 374. Der im Rahmen des Limes-Programms (→ S. 11) 1938 errichtete Bunker – ein 10 mal 15 Meter großes Regelbauwerk – war im Winter 1944/45 umkämpft. Dieser inzwischen überbaute Bunker wurde bereits 1983 unter Denkmalschutz gestellt und kann bei Führungen besichtigt werden.

Neben den genannten Führungen hat die Konejung Stiftung sieben »Historisch-Literarische Wanderwege – Hürtgenwald 1938–1947« konzipiert, bei denen die geschichtlichen Ereignisse im Hürtgenwald und ihr Niederschlag in der internationalen Literatur thematisiert werden. Übersichtskarten zu den verschiedenen Wanderwegen sind kostenlos herunterzuladen (unter: www.rureifel-tourismus.de) ebenso wie weiterführende Film- und Tondokumente (unter: www.mm-historyguide.de).

Ernest Hemingway als Kriegsberichterstatter

Der 9,5 Kilometer lange »Hemingway-Trail« ist einer der von der Konejung Stiftung entwickelten »Historisch-Literarischen Wanderwege« durch den Hürtgenwald. Er führt zu mehreren Stationen, die für Ernest Hemingway (1899–1961) als Kriegsberichterstatter der US-Armee von Bedeutung waren.

Was genau der spätere Literaturnobelpreisträger in der Schlacht im Hürtgenwald erlebte und wie er sich selbst dort verhielt, darüber gibt es keine gesicherten Auskünfte. Allerdings scheinen die Kriegsereignisse im Hürtgenwald Hemingway, der sich stets als furchtloser Macho inszenierte, zutiefst erschüttert zu haben: Nach seiner Rückkehr nach Paris soll er wochenlang nicht ansprechbar gewesen sein.

In einigen privaten Briefen hat er sich in späteren Jahren mehr gerühmt als bezichtigt, auch zur Waffe gegriffen und – je nach Darstellung – mal zwei, mal 122 deutsche Soldaten getötet zu haben. Kein einziger Fall davon ließ sich verifizieren, sodass nach wie vor unklar ist, was wirklich geschah und was der dichterischen Freiheit oder auch dem Alkoholkonsum und den Depressionen des Schriftstellers geschuldet ist.

Der Schriftsteller Ernest Hemingway (links) am Westwall, 1944

Zehn ausgezeichnete mehrminütige Audio- und Videodokumente zum »Hemingway-Trail« können unter www.mm-historyguide.de heruntergeladen werden.

NS-Ordensburg Vogelsang

Internationaler Platz Vogelsang, 53937 Schleiden
www.vogelsang-ip.de

Ab 1934 wurde im Auftrag der Deutschen Arbeitsfront (DAF) in der Nähe der Eifelstadt Schleiden eine von drei NS-Ordensburgen errichtet. Dort sollte der Führungsnachwuchs der NSDAP geformt werden.
Der Beginn des Zweiten Weltkrieges verhinderte die Fertigstellung der gewaltigen Ordensburg auf dem knapp 100 Hektar großen Areal. Mit dem Ausbau des Westwalls wurde auch das für das NS-Regime ideologisch wichtige Bauwerk unter der Bezeichnung »Vorstellung Vogelsang« in die Festungslinie mit einbezogen. Ab 1939 wurden zu diesem Zweck 16 Bunker errichtet. Zusätzlich dazu wurden betonierte Stellungen der Luftverteidigungszone West (→ S. 15) ausgebaut.
Während des Krieges diente die Ordensburg als Ausweichquartier der sogenannten Adolf-Hitler-Schulen, aus denen später die auf den Burgen auszubildenden Ordensjunker rekrutiert werden sollten. Bei alliierten Luftangriffen auf Vogelsang wurden 1944 mehrere Bauten zerstört, daunter zwei Unterkunftsgebäude und Teile des »Adlerhofes«. So wenig die Luftverteidigung diese Angriffe unterbinden konnte, so

Zerstörter Bunker der Luftverteidigungszone West, bei der Ordensburg, 2011

Die ehemalige Ordensburg Vogelsang – heute ein Erinnerungsort, 2011

wenig hatten die nur spärlich ausgerüsteten Bunkerbesatzungen den vorrückenden US-Streitkräften Anfang 1945 entgegenzusetzen, die das Areal am 4. Februar 1945 einnahmen.
Mit Ende des Krieges wurde das Gebäudeensemble und das angrenzende Areal zuerst von der britischen, dann von der belgischen Besatzungsmacht beschlagnahmt, zum Sperrgebiet erklärt und als Truppenübungsplatz genutzt.
Seit dem Abzug der letzten militärischen Einheiten im Jahr 2005 wird die ehemalige NS-Ordensburg schrittweise zu einem internationalen Informations-, Ausstellungs- und Bildungszentrum umgebaut. Die Bauarbeiten am neuen Forum Vogelsang sollen 2015 abgeschlossen sein. Bis dahin ist jedoch schon eine Erkundung des Geländes mit oder ohne Führung möglich.

Westwallzentrum Eifel

53949 Dahlem
www.westwallzentrum.de

Auf dem Gebiet der Gemeinden Dahlem und Obere Kyll sind mehrere Anlagen des Westwalls, die im Zuge des Limes-Programms (→ S. 11) errichtet wurden, in ganz unterschiedlichem Zustand erhalten. Das auf private Initiative hin gegründete Westwallzentrum Dahlem bemüht sich seit 2007 sowohl um den Erhalt der Bausubstanz als auch um die Dokumentation der Anlagen. Darüber hinaus werden zwei Geländeführungen unter vornehmlich militärhistorischen Gesichtspunkten zu verschiedenen Teilobjekten (Bunker, Geschützstellungen und Sonderbauwerke) des Westwalls angeboten.

In Absprache sowohl mit der Gemeinde als auch mit den privaten Eigentümern konnten bislang 10 Bauwerke für einen knapp 20 Kilometer langen Rundweg gesichert und teils mit Informationstafeln versehen werden. Dazu gehören ein Gefechtsstandbunker eines Regimentsstabs (heute Rückzugsort für Fledermäuse), Kampfbunker und Panzerhindernisse der ersten Linie (der ehemaligen »Hauptkampflinie«) sowie Sonderbauwerke im Hinterland, die unter anderem für die Wasserversorgung der Anlagen zuständig waren.

In Dahlem kann – wie dies heute nur noch an wenigen Stellen möglich ist – die gesamte räumliche Staffelung der einstigen Festungslinie besichtigt werden. Zukünftig ist überdies der Aufbau eines zentralen Dokumentations- und Ausstellungsgebäudes in der Ortschaft geplant.

Besuchergruppe vor einer betonierten Geschützbettung bei Dahlem, 2012

Im knapp 15 Kilometer entfernten Losheim (ein Ortsteil von Hellental), das zum unmittelbaren Einzugsgebiet des Westwall-zentrums Dahlem gehört, befand sich ein Außenlager des Konzentrationslagers Hinzert (→ S. 30). Die bis zu 20 Häftlinge mussten zwischen Oktober 1942 und November 1943 im örtlichen Holzfaserplattenwerk Zwangsarbeit leisten, wo sie auch untergebracht waren.

Rheinland-Pfalz

Westwallmuseum Festungswerk Gerstfeldhöhe

In der Litzelbach 2, 66955 Pirmasens
www.westwall-museum.de

Im Süden von Pirmasens, im heutigen Ortsteil Niedersimten, wurde ab 1938 ein komplexes Festungswerk errichtet. Als eine der größten zusammenhängenden Anlagen des Westwalls war ein 14 Kilometer langes unterirdisches System projektiert, in dem neben Kampf- und Verteidigungsständen auch Munitionsdepots, technische Betriebsräume, ein Militärlazarett und eine unterirdische Kaserne für 800 Mann Platz finden sollten. Nach dem im Sommer 1940 siegreichen »Westfeldzug« wurden die Bauarbeiten am gesamten Westwall eingestellt. Bis zu diesem Zeitpunkt waren etwa fünf Kilometer an Hohlgängen sowie zahlreiche oberirdische Kampfanlagen fertiggestellt. Mit der Landung der Alliierten in der Normandie im Sommer 1944 nahm man die Bauarbeiten auch am Komplex bei Pirmasens wieder auf, der zu

Ausstellung von Militärtechnik im heutigen Museumsbereich, 2012

Ehemalige Zufahrt für Lastkraftwagen, 2012

einem militärischen Gefechtsstand umgebaut wurde. In den Stollenanlagen fanden bei Luftangriffen auch Zivilisten Zuflucht.
Nach dem Sieg über den Nationalsozialismus wurde Deutschland von den Alliierten besetzt, seine Außengrenzen neu festgelegt und sein verbliebenes Territorium in verschiedene Besatzungszonen aufgeteilt. Das unvollendete Festungswerk Gerstfeldhöhe wandelten die US-Streitkräfte nach dem Krieg in ein Depot für Fahrzeugersatzteile um und nutzten es bis 1991.
Heute befindet sich in einem Teil der Anlage ein von einem Verein in Zusammenarbeit mit der Stadt Pirmasens betriebenes Museum mit einer knapp einen Kilometer langen Militärausstellung, in der der Zweite Weltkrieg und der Bunkerbau thematisiert werden. Die Anlage, die als Mahnmal gegen den Krieg präsentiert wird, ist in den Sommermonaten an den Wochenenden zugänglich oder kann für Gruppen auf Anfrage auch unter der Woche geöffnet werden.

Westwallmuseum Irrel

Katzenkopf, 54666 Irrel
www.westwallmuseum-irrel.de

In der Eifelgemeinde Irrel, rund zehn Kilometer südwestlich von Bitburg, wurde ab 1979 eines der ersten Westwallmuseen in Deutschland aufgebaut. Das Museum befindet sich in einem erhaltenen sogenannten B-Werk. Die Bezeichnung B-Werk gab die Ausbaustärke an, B stand für bis zu zwei Meter dicke Wände aus Stahlbeton (→ S. 10). Anders als im B-Werk Besseringen (→ S. 58) existiert in Irrel ein abgesetzter Panzerturm, der über einen 75 Meter langen Hohlgang an den Hauptbunker angeschlossen ist. Das Bauwerk wurde zwischen 1936 und 1939 errichtet und war anschließend mit bis zu 84 Soldaten besetzt.
Nach Ende des Zweiten Weltkriegs wurde die obere Etage des Panzerwerks von den französischen Besatzungstruppen gesprengt und anschließend zugeschüttet. Auf Initiative von ehemaligen Angehörigen des Füsilier-Regiments 39 aus Düsseldorf wurde das Bauwerk 1976 wieder zugänglich gemacht und ein Gedenkstein aufgestellt, der an die militärische Einheit erinnern soll. Dass das traditionsreiche Füsilier-Regiment 39 in der Kolonie Deutsch-Südwestafrika 1904/05 am Vernichtungskrieg gegen die Herero und Nama und im Zweiten Weltkrieg u.a. am Krieg gegen die Sowjetunion beteiligt war, davon ist auf dem Gedenkstein allerdings nichts zu lesen. Wie auch in anderen Westwallmuseen wird in Irrel vornehmlich militärische Technik präsentiert. Betreiber des Museums ist die örtliche Freiwillige Feuerwehr. Das Panzerwerk kann im Sommer an Sonn- und Feiertagen besichtigt werden.

Freigelände vor dem Panzerwerk Katzenkopf, 2010

Westwallwanderwege

Neben den Westwallmuseen, die in mehr oder weniger gut erhaltenen Hinterlassenschaften des Westwalls untergebracht sind, wurden in den vergangenen Jahren auch zahlreiche Wanderwege angelegt.

Oberotterbach
Lenkerweg
76889 Oberotterbach
Länge: 10 Kilometer, mit 18 Informationstafeln entlang den erhaltenen Westwallbauten

Steinfeld
Obere Hauptstraße / Bahnhofstraße
76889 Steinfeld
www.steinfeld-pfalz.de/tourismus/westwall.html
Länge: 9 Kilometer, mit 24 Informationstafeln zu verschiedenen Themen des Westwalls

Schaidt
Waldstraße
76744 Wörth am Rhein
Länge: 8,3 und 15,2 Kilometer, mit vier Informationstafeln am Bahnhof, am Sportplatz, an der Sporthalle und an der Bildeiche

Schneifel
Schwarzer Mann 1
54595 Gondenbret
www.eifel-barrierefrei.de
Länge: 6,5 Kilometer, barrierefreier Weg zu zehn Bunkern unterschiedlichen Bautyps

Im Dreiländereck Deutschland – Frankreich – Luxemburg haben sich in den vergangenen Jahren zahlreiche kleinere Westwallmuseen etabliert und zu einem Verein zusammengeschlossen. Ein gemeinsamer Internetauftritt und Informationsblätter informieren über die jeweiligen Bauwerke (www.westwallmuseen-saar-mosel.eu).

Westwallmuseum Sinz

Kreuzweilerstraße, 66706 Perl

Etwa 50 Meter nach dem Ortsausgang von Sinz in Richtung Kreuzweiler befindet sich linker Hand ein ehemaliger Gruppenunterstand vom Typ Regelbau 501, der zum dem Westwall vorgelagerten Orscholz-Riegel (→ S. 17) gehörte. Dieses knapp zwölf Kilometer lange militärische Stellungssystem wurde 1939/40 errichtet, bestand unter anderem aus 75 Bunkerbauwerken und einer etwa zehn Kilometer langen Höckerlinie und sollte in erster Linie die Städte Trier und Konz schützen.
Der verbunkerte Unterstand in Sinz wurde nach dem Sieg über Frankreich stillgelegt und diente während des Zweiten Weltkrieges als Luftschutzanlage für die örtliche Zivilbevölkerung. Als Sinz im Frühjahr 1945 fast vollständig zerstört wurde, fand eine ausgebombte Familie im Bunker eine vorübergehende Bleibe.
Das Museum ist zwischen April und Oktober jeden ersten Sonntag im Monat geöffnet.

Westwallmuseum Dillingen, »Bunker 20«

Annastraße Ecke Wilhelmstraße, 66763 Dillingen/Saar

In Dillingen befindet sich heute auf einer Grünanlage ein inzwischen wieder hergerichteter Regelbau für zwölf Personen samt einem Sechsschartenturm, dessen Besatzung 1944 in Kampfhandlungen verwickelt war. Nach dem Zweiten Weltkrieg hatte der Bunker zunächst als illegale Müllkippe gedient; seit seiner Entrümpelung im Jahr 2005 wurde er in einen möglichst originalgetreuen Zustand versetzt, um den Rüstungswahnsinn im Vorfeld des Zweiten Weltkrieges anhand eines baulichen Reliktes zu veranschaulichen.
Der Bunker mit der Nummer 20 ist jeden ersten und dritten Sonntag im Monat geöffnet.

Zugang zum ehemaligen MG-Stand des Panzerwerkes im »Bunker 20«, 2012

Eingangsbereich des Panzerwerkes Besseringen, 2012

B-Werk Besseringen

Trierer Straße, 66663 Merzig-Besseringen
www.merzig.de/tourismus

In der Nähe des heutigen Kreisverkehrs am Gewerbegebiet in Besseringen hatte man ab 1938 eines von 32 geplanten B-Werken errichtet. Diese etwa 25 Meter langen und 18 Meter breiten Kampfbunker waren die größten und am stärksten gesicherten Elemente des Westwalls. Der Bau der typisierten Bauwerke verschlang etwa 200 Tonnen Stahl und 2800 Kubikmeter Beton. Mit der Innenausstattung kam er so auf Baukosten von knapp 1,3 Millionen Reichsmark.
Etwa 90 Soldaten hätten dort mit ihren Vorräten bis zu vier Wochen ausharren und einem Angriff widerstehen können. Als Hauptbewaffnung waren innerhalb der beiden Sechsschartentürme jeweils zwei Maschinengewehre vom Typ MG 34 instal-

Zentraler Flur des Panzerwerkes, 2012

liert. Daneben gab es dort einen Festungsgranatwerfer sowie einen Flammenwerfer. Auf drei Etagen in insgesamt 44 Räumen waren die technischen Einrichtungen für einen autarken Betrieb untergebracht. Der Bunker in Besseringen wurde jedoch am 15. März 1945 kampflos aufgegeben. Wenige Tage später besetzten US-amerikanische Truppen das B-Werk. 1947 sind zwei junge Männer beim unsachgemäßen Hantieren mit Munition innerhalb des Bunkers ums Leben gekommen.

Das B-Werk in Besseringen blieb aufgrund seiner Lage von einer Sprengung verschont und wurde ab 1997 sukzessive der Öffentlichkeit zugänglich gemacht. Die originale Bausubstanz oberhalb des Bunkers mit allen Beobachtungs- und den massiven, bis zu 50 Tonnen schweren Waffenkuppeln sind erhalten. Heute steht die Bunkeranlage unter Denkmalschutz und soll als Zeugnis des Krieges als Mahnmal erhalten bleiben.

In den Sommermonaten kann das Bauwerk an Sonn- und Feiertagen besichtigt werden.

Westwallbunker Rastatt

Kehler Straße, 76437 Rastatt
www.hist-ver-rastatt.de

Ein weiterer Bunker – ein Regelbau Typ 10 – wird seit 2009 vom Historischen Verein Rastatt betreut. In diesem 1938 errichteten Bau des Limes-Programms (→ S. 11) waren bis zu 15 Personen untergebracht. Von diesem Bautyp gab es am gesamten Westwall etwa 3500 Stück, er war damit der am häufigsten errichtete Bunkertyp. Kampf- und Mannschaftsraum waren im Bunker nur durch ein Sprachrohr verbunden. Wollte man vom einen Raum zum anderen wechseln, musste man das Bauwerk verlassen.
Der ehemalige Westwallbunker kann zwischen März und Oktober an jedem zweiten Sonntag im Monat oder für Gruppen auf Anfrage besichtigt werden.

Rückseitige Ansicht des Westwallbunkers in Rastatt, 2009

Museumsbunker Emilie

Ulmenweg 6, 77743 Neuried

Der Abschnitt des Westwalls im heutigen Bundesland Baden-Württemberg war weniger stark gesichert als etwa der im Saarland oder im Rheinland. Doch auch heute sind hier noch entsprechende Spuren zu finden. In Neuried in der oberrheinischen Tiefebene etwa ist ein Regelbau Typ 11 erhalten und wurde seit 2011 zu einem Museumsbunker ausgebaut. Ursprünglich wurde er 1938 als Unterstand für 27 Soldaten errichtet.
Dass der Bunker nach dem Krieg nicht gesprengt wurde, ist Emilie Hänsel zu verdanken – nach ihr ist der Bunker heute benannt –, die im Gebäude über dem Bunker wohnte. Das unterirdische Bauwerk wurde lediglich mit Schutt und Beton verfüllt, Jahre später wieder beräumt und dort ein Vereinsheim eines Motorradclubs eingerichtet. Inzwischen haben »Bunkerenthusiasten« das Bauwerk für ihre Zwecke entdeckt und angefangen, den Bunker möglichst originalgetreu herzurichten. Er kann zum Tag des offenen Denkmals oder auf Anfrage besichtigt werden.

Museumsbunker Emilie, 2013

Anhang

Literatur

Benz, Wolfgang / Distel, Barbara (Hrsg.): Hinzert – Das Konzentrationslager Hinzert und seine Außenlager, München 2008
Umfassende Geschichte des SS-Sonderlagers / KZ Hinzert in der Nähe des Westwalls.

Fings, Karola / Möller, Frank (Hrsg.): Zukunftsprojekt Westwall, Bonn 2008
Tagungsband des Landschaftsverbandes Rheinland, in dem für einen historisch angemessenen Umgang mit dem schwierigen Erbe plädiert wird.

Gross, Manfred: Der Westwall zwischen Niederrhein und Schnee-Eifel, Köln 1989
Standardwerk zur Festungslinie in Nordrhein-Westfalen.

Gross, Manfred / Rohde, Horst / Rolf, Rudi / Wegener, Wolfgang: Der Westwall. Vom Denkmalwert des Unerfreulichen, Köln 1998
Umfassende Dokumentation der Westwallbauten, die neben erläuternden Texten auch einen Kartensatz im Maßstab von 1:50 000 enthält.

Hansen, Hans-Josef (Hrsg.): Auf den Spuren des Westwalls, Aachen 2009
Unkritische Beschreibung der baulichen Reste des Westwalls unter historischen, ökologischen und sozialen Gesichtspunkten.

Neue Gesellschaft für Bildende Kunst e. V.: Wir bauen des Reiches Sicherheit. Mythos und Realität des Westwalls 1938 bis 1945, Berlin 1992
Begleitbuch zur Berliner Ausstellung.

Threuter, Christina: Westwall – Bild und Mythos, Petersberg 2009
Ansprechender handlicher Überblick, mit Fokus auf der zeitgenössischen Propaganda und Darstellung des Westwalls in der Kunst.

Übel, Rolf / Röller, Oliver: Der Westwall in der Südpfalz, Ludwigshafen 2012
Differenzierte Darstellung, mit Erläuterungen des »WestWallWegs« in der Südpfalz.

Dank

Ich danke all meinen beteiligten Kolleginnen und Kollegen im Ch. Links Verlag, ebenso meinem Lektor Dr. Stephan Lahrem. Zudem gilt mein Dank den Mitarbeiterinnen und Mitarbeitern der Gedenkstätte SS-Sonderlager / KZ Hinzert sowie der Gedenkstätte KZ Osthofen. Nicht zuletzt danke ich Frank Möller (Gesellschaft für Interdisziplinäre Praxis e. V.) und Thomas Schell für die vielfältige Unterstützung.

Der Autor

Martin Kaule
Jahrgang 1979, 1999 bis 2001 Studium zum Informatik-Betriebswirt; seit 2001 Fotodokumentationen, seit 2005 Organisation von Studien- und Forschungsreisen durch ganz Europa, seit 2008 Mitarbeiter im Ch. Links Verlag, zuständig für digitale Projekte; Vorstandsmitglied des Vereins »Orte der Geschichte«; zahlreiche Publikationen, u. a. im Ch. Links Verlag: »Ostseeküste 1933 – 1945. Der historische Reiseführer« (2009); »Faszination Bunker. Steinerne Zeugnisse der europäischen Geschichte« (2014). Martin Kaule ist Herausgeber der Reihe »Orte der Geschichte« im Ch. Links Verlag, www.orte-der-geschichte.de.

Chronik

1936	Besetzung des entmilitarisierten Rheinlandes durch die Wehrmacht – Errichtung erster Bunker zur Grenzbefestigung
1938	Limes-Programm (bis 1939, geplante Errichtung von 12 000 Bunkern) – Luftverteidigungszone West (bis 1940)
1939	Aachen-Saar-Programm (bis 1940) – September: Evakuierung entlang des Westwalls (bis Sommer 1940)
1940	Baustopp nach dem Sieg über Frankreich, Beginn der Desarmierung
1942	Nutzung zahlreicher Bunker als Lager oder zivile Luftschutzanlagen (bis 1944)
1944	Verstärkung und Wiederbewaffnung der Westwallbauten – Herbst: Erste Gefechte am Westwall
1945	Februar: endgültiger Durchbruch der westlichen alliierten Streitkräfte – Frühjahr: Beginn der Abrüstung und Plünderung – Sommer: Umwandlung zu Notquartieren für die Bevölkerung
1946	Beginn der ersten Sprengmaßnahmen durch die Alliierten
1978	Denkmalschutz für die ersten Objekte des Westwalls
2005	Projekt »Grüner Wall im Westen« des BUND
2007	Erste Westwall-Tagung
2014	Gründung einer Westwall-Stiftung